Grundsätzlich wurden der Singular und der bestimmte Artikel verwendet, damit das Geschlecht der Wörter eindeutig zu erkennen ist. Ausnahmen wurden zum einen gemacht bei Wörtern, die üblicherweise im Plural stehen, und zum anderen bei Wörtern, die in den Illustrationen weiter differenziert werden (siehe z.B. Seite 21: die Süßigkeiten – das Bonbon; der Lutscher).

Titel der französischen Ausgabe:
La nouvelle imagerie des enfants
ISBN 3-89717-379-4
Printed in France by ***Partenaires Book***® (12/05)

10 9 8 7 6 5 4 3 2 1

Dein buntes Wörterbuch Dein Wortschatz

Idee und Text:
Emilie Beaumont

Illustrationen:
Mélopée – C. Ferrier
S. Ledesma – J. Dayan
M.I.A – S. Caleffi – T. Gianno
G. Paulli – G. Vitale

Übersetzung aus dem Französischen
von Regina Enderle

FLEURUS
VERLAG

INH

ALT

Milch-produkte

Käse, Jogurt und Quark werden aus der Milch von Kühen, Schafen oder Ziegen gemacht.

Was trinkt man kalt oder warm?

der Jogurt

der Fruchtjogurt

die Milch

Was essen wir als süßen Nachtisch?

Welches Milchprodukt schmeckt würzig?

der Pudding

der Käse

die Butter

der Quark

Brot und Kuchen

Brot und Kuchen werden aus Mehl gemacht. Mehl wird durch Mahlen von Getreidekörnern gewonnen.

Wovon gibt es vielerlei Sorten?

das Brot

das Hörnchen

das belegte Brötchen

Welcher Kuchen hat die Form eines Baumstamms?

Welchen Kuchen backt man in der Pfanne?

die Torte

der Kuchen

der Pfannkuchen

die Biskuitrolle

In der Metzgerei

Beim Metzger kann man Fleisch und Wurst kaufen. Hier gibt es zum Beispiel Schnitzel, Salami und Fleischwurst.

Welches Fleischstück brät man in der Pfanne?

der Braten

das Hähnchen

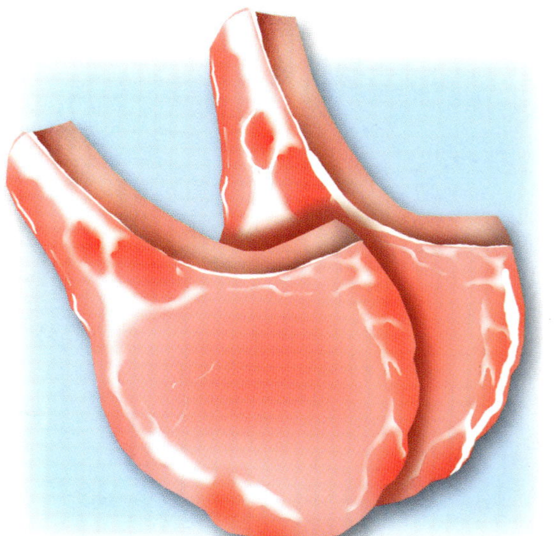

das Kotelett

Welches Fleischstück stammt vom Schwein?

Was ähnelt einem Kuchen in der Form?

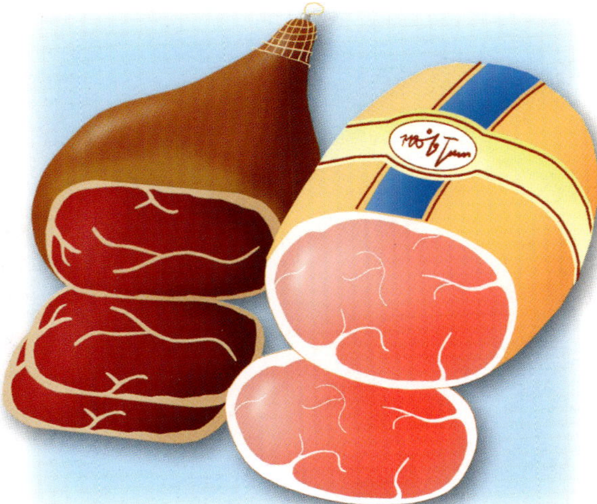

der Schinken

das Würstchen

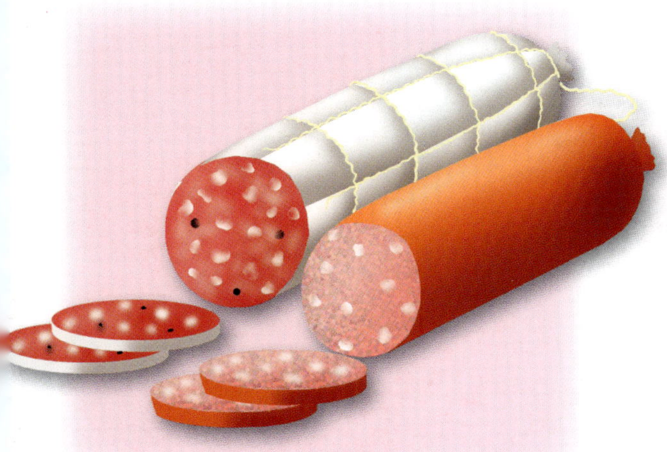

die Wurst

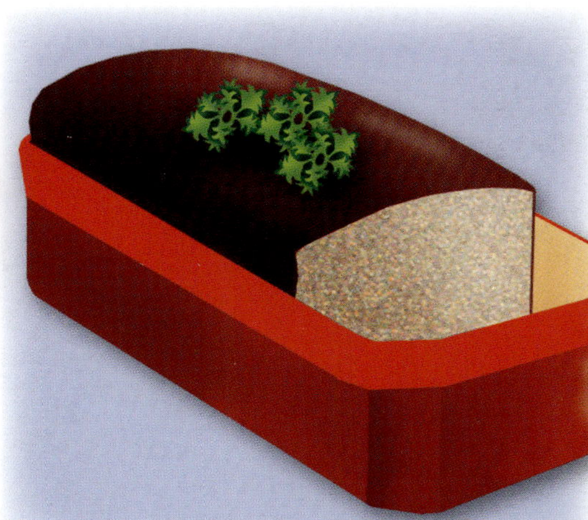

die Pastete

In der Fischhandlung

Beim Fischhändler kauft man nicht nur frischen Fisch, sondern auch Muscheln und Krebse.

Welches Tier kann man mit der Angel fangen?

der Fisch

die Garnele
die Krabbe

der Räucherlachs

In welcher Muschel kann sich eine Perle bilden?

Welches Krustentier hat keine Scheren?

die Muscheln

die Krustentiere

Im Lebensmittelgeschäft

Hier kauft man Salz, Pfeffer, Essig, Öl und andere Dinge, die man zum Kochen braucht.

Welches Gemüse wird in Essig eingelegt?

das Salz

der Pfeffer

die Gewürzgurke

Was gibt es auch
in Würfelform?

Was isst man
zum Frühstück?

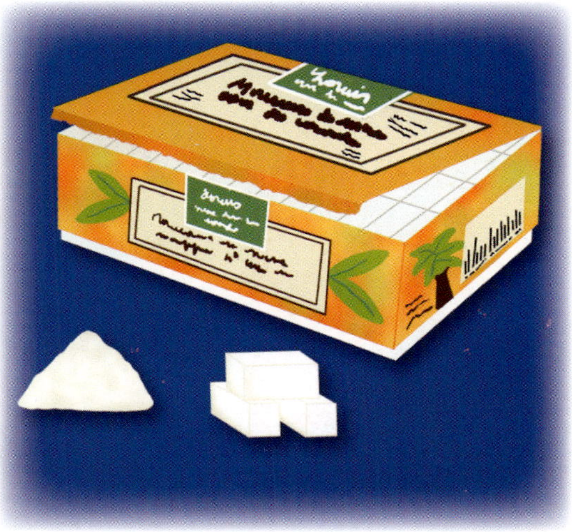

der Zucker

der Kaffee

der Tee

die Cornflakes

Was braucht man zum Backen?

Was wird aus Kakaobohnen hergestellt?

das Mehl

die Schokolade

der Essig

das Öl

Was isst man vor allem im Sommer?

Was isst man weich oder hart gekocht?

das Ei

die Kekse

das Eis

die Süßigkeiten

Früchte

Auf dem Apfelbaum wachsen Äpfel und auf dem Orangenbaum Orangen. Was wächst auf einem Birnbaum?

Welche Frucht hat kein Kerngehäuse?

der Apfel

die Grapefruit

die Birne

Welche Frucht wächst an einer Weinrebe?

Welche Frucht hat einen sehr sauren Saft?

die Zitrone

die Mandarine

die Orange

die Weintraube

Aus welcher Frucht macht man Ketschup?

Welche Frucht wächst an Bäumen?

die Kirsche

die Erdbeere

die Tomate

die Himbeere

Welche Frucht hat keinen Kern?

Welche Frucht hat oft eine blau-violette Farbe?

die Aprikose

die Pflaume

die Banane

der Pfirsich

Welche Frucht hat
gelbes Fruchtfleisch?

Welche braune Frucht
hat eine haarige Schale?

die Ananas

die Honigmelone

die Wassermelone

die Kiwi

Welche Frucht hat eine stachelige Hülle?

Welche Frucht wächst an Palmen?

die Walnuss

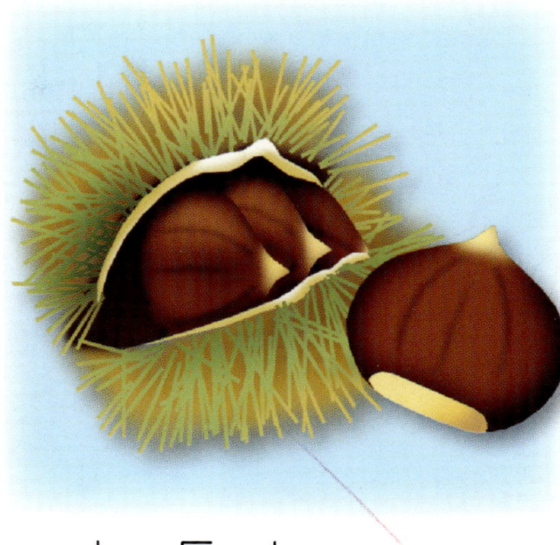

die Esskastanie

die Kokosnuss

die Haselnuss

Gemüse

Diese Lebensmittel kann man im Gemüsegarten anbauen. Man isst sie häufig als Beilage zu Fisch oder Fleisch.

Woraus werden Pommes frites gemacht?

der Lauch

die Karotte

die Kartoffel

Welches Gemüse ähnelt einer Salatgurke?

Welches violette Gemüse isst man nicht roh?

die Zucchini

die Aubergine

der Kohl

das Radieschen

Welches Gemüse besteht aus gelben Körnern?

Welches Gemüse gibt es in verschiedenen Farben?

die Paprika

der Mais

der Kopfsalat

der Schikoree

Welches Gemüse hat fleischige Blätter?

Welches Gemüse hat eine längliche Form?

der Blumenkohl

die Salatgurke

der Brokkoli

die Artischocke

Was isst man oft mit Karotten gemischt?

Welches Gemüse kann man aushöhlen?

die Bohne

der Kürbis

der Pilz

die Erbse

Welche Gewürzpflanze hat Zehen?

Woraus macht man einen gesunden Tee?

die Schalotte

der Knoblauch

die Zwiebel

die Kräuter

In der Küche

Die Küche ist ein
wichtiger Raum
in der Wohnung.
Hier werden die
Mahlzeiten zubereitet.

Welche Maschine spült
schmutziges Geschirr?

die Spüle

die Waschmaschine

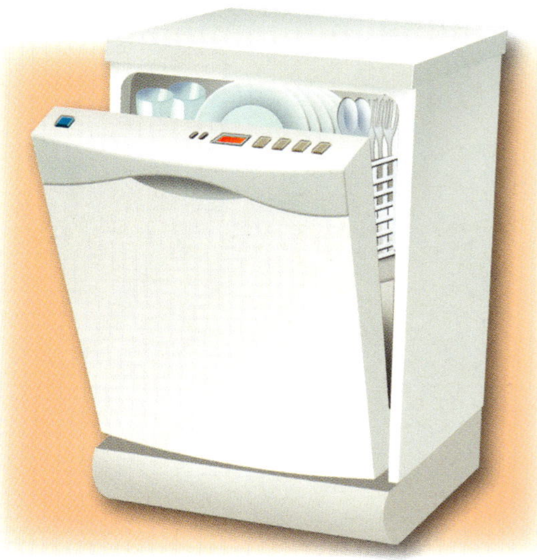

die Spülmaschine

Worin kann man Lebens-
mittel rasch auftauen?

Worin bleiben
Lebensmittel frisch?

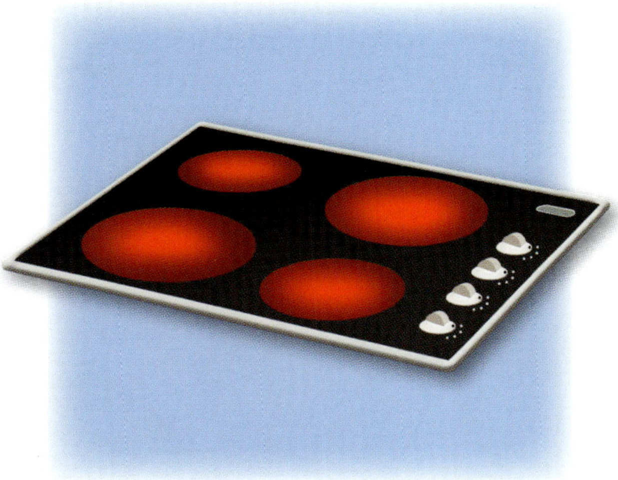

die Herdplatte

der Herd

der Mikrowellenherd

der Kühlschrank

Mit welchem Gerät kocht man Kaffee?

Worin röstet man Brot?

die Kaffeemaschine

die Küchenmaschine

die Fritteuse

der Toaster

Womit trocknet man das Geschirr ab?

Was legt man auf den Tisch?

der Tisch

der Stuhl

die Tischdecke

das Geschirrtuch

In welchem Topf wird das Essen schnell gar?

Worin brät man Steaks oder Eier?

der Topf

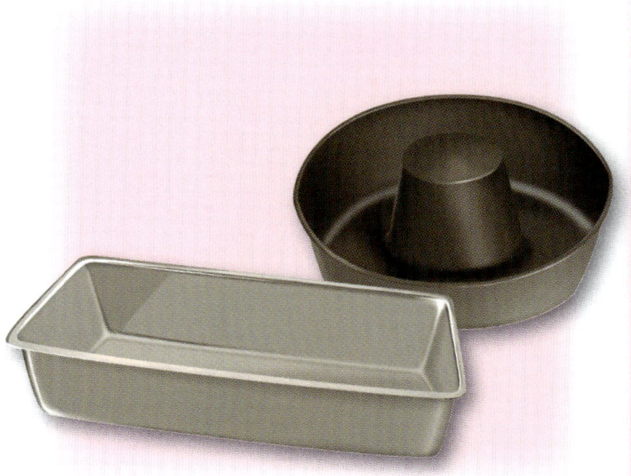

die Kuchenform

die Pfanne

der Schnellkochtopf

Welches Besteckteil hat eine scharfe Klinge?

Woraus trinkt man Limonade?

das Besteck

die Löffel

der Teller

das Glas

Woraus trinkt man morgens seinen Kakao?

Worin bereitet man einen Salat zu?

die Platte

die Salatschüssel

die Schale

die Tasse

Worauf schneidet man Fleisch oder Gemüse?

In welchem Gefäß serviert man Tee?

das Sieb

die Küchenhelfer

die Teekanne

das Schneidbrett

Womit entfernt man den Flaschendeckel?

Womit reibt man Gurken in Scheiben?

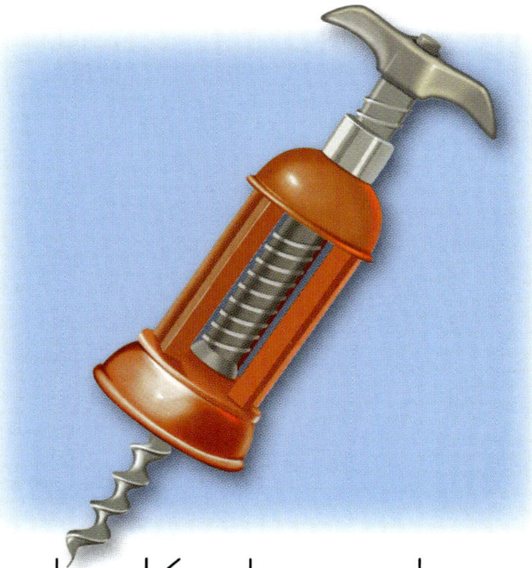

der Korkenzieher

die Zitronenpresse

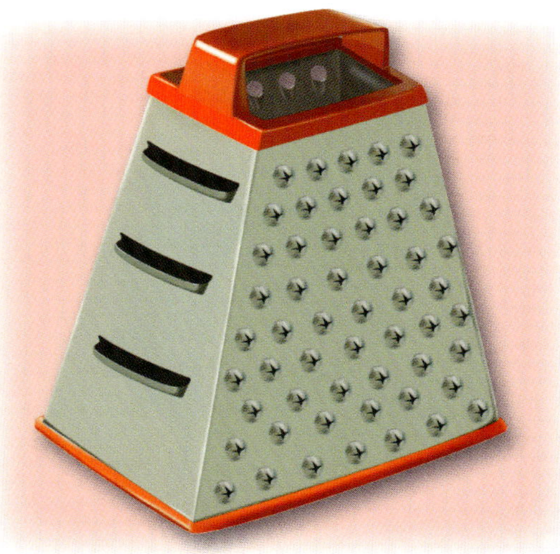

die Küchenreibe

der Flaschenöffner

Welches Gefäß füllt man mit Wasser?

Womit zündet man eine Kerze an?

der Eimer

der Wäschekorb

die Kühlbox

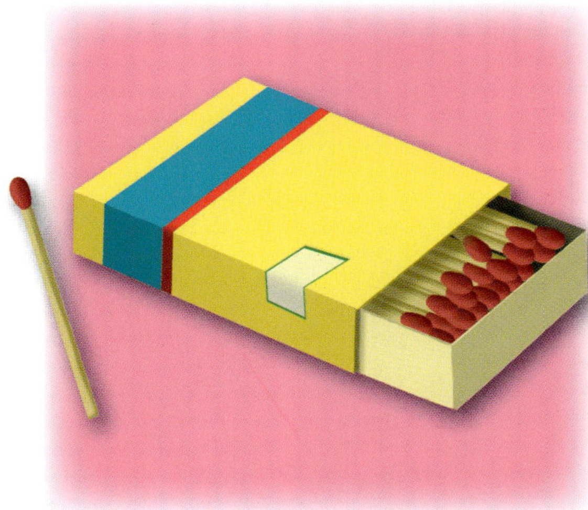

das Streichholz

Worauf hängt man die Wäsche zum Trocknen?

Wo kommt der Abfall hinein?

der Schwamm

der Wäscheständer

der Abfalleimer

das Spülmittel

Womit saugt man den Teppich?

Womit glättet man Kleidungsstücke?

die Kehrschaufel
der Besen

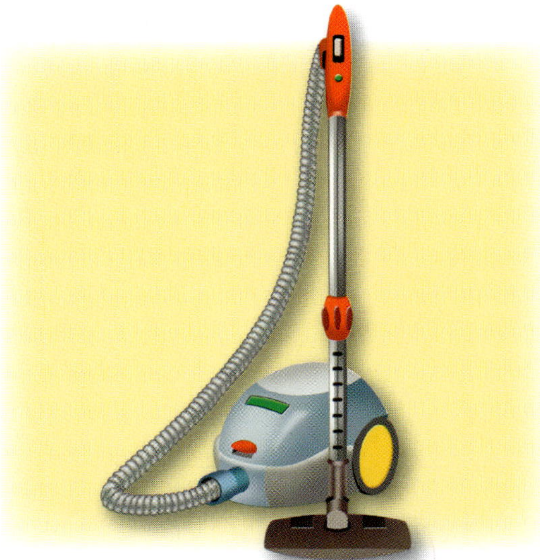

der Staubsauger

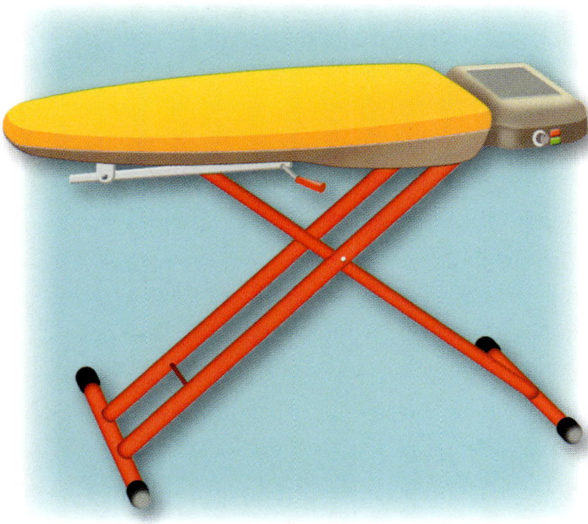

das Bügelbrett

das Bügeleisen

Im Wohnzimmer

Im Wohnzimmer kann man lesen, fernsehen, sich ausruhen oder Musik hören.

Worauf kann man sitzen und liegen?

das Sofa

der Sessel

der Couchtisch

Welches Gerät heizt das Zimmer?

Was legt man auf den Fußboden?

der Teppich

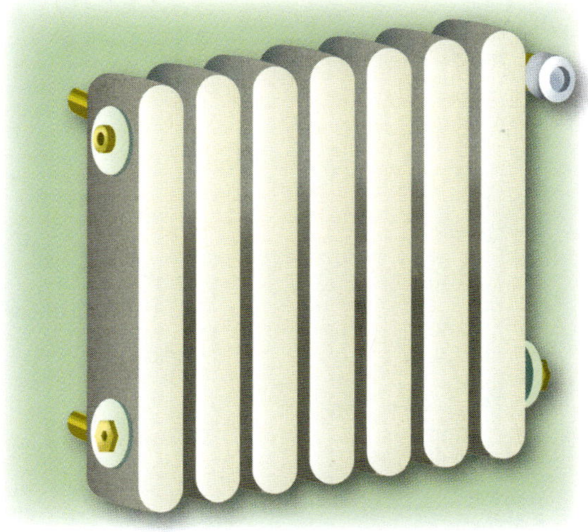

der Heizkörper

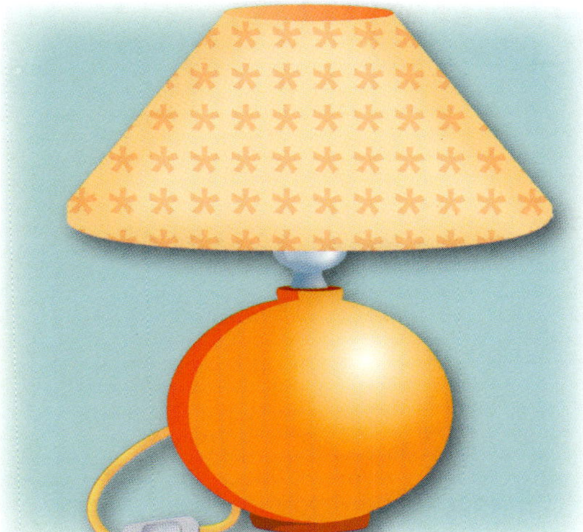

die Lampe

das Bücherregal

Welches Gerät
hat einen Bildschirm?

Welches Gerät
spielt Musik ab?

der Fernseher

die Stereoanlage

der DVD-Player

die CD

In welches Gefäß
stellt man Blumen?

Was erleuchtet
den Raum?

die Vase

der Kronleuchter

der Vorhang

der Bilderrahmen

Im Badezimmer

Das Badezimmer ist der Raum, in dem man sich wäscht. Hier kann man baden, duschen oder sich die Zähne putzen.

Worin nimmt man ein Schaumbad?

der Badezimmerschrank

das Waschbecken

die Badewanne

Worauf stellt man sich, um sich zu wiegen?

Wo kann man sich abbrausen?

die Dusche

die Toilette

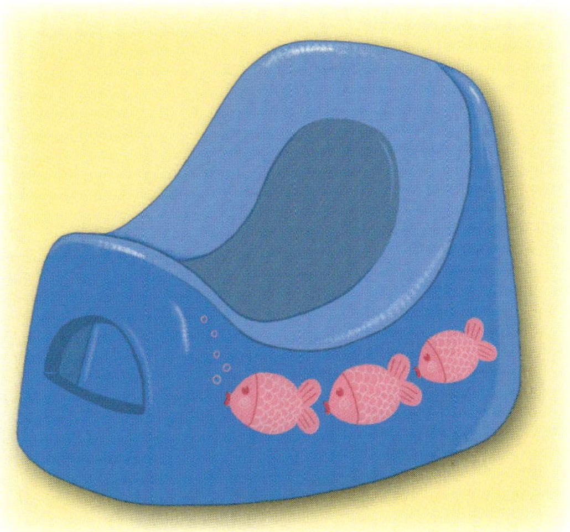

das Töpfchen

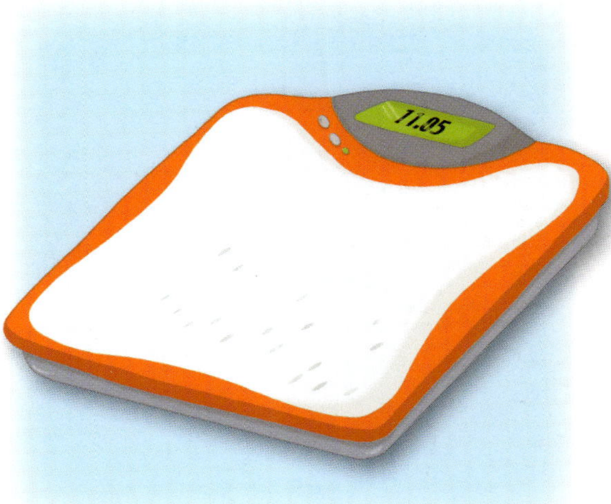

die Personenwaage

Körperpflege

Man muss sich täglich waschen, damit man gut riecht und der Schmutz von der Haut entfernt wird.

Womit wäscht man sich die Haare?

die Seife

das Duschgel

das Shampoo

Mit welcher Bürste
putzt man sich die Zähne?

Womit schneidet
man die Nägel?

die Nagelschere

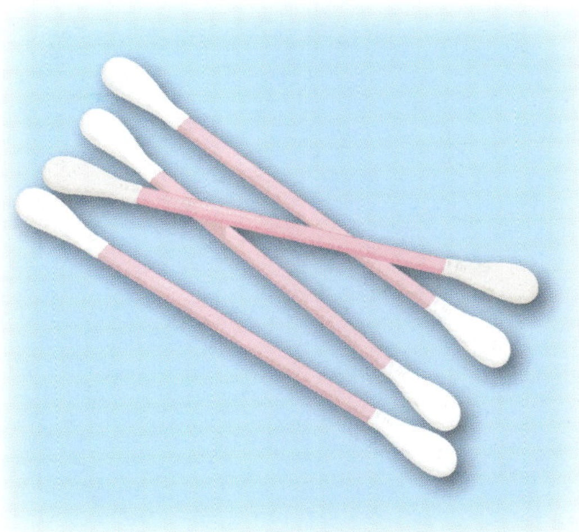

das Wattestäbchen

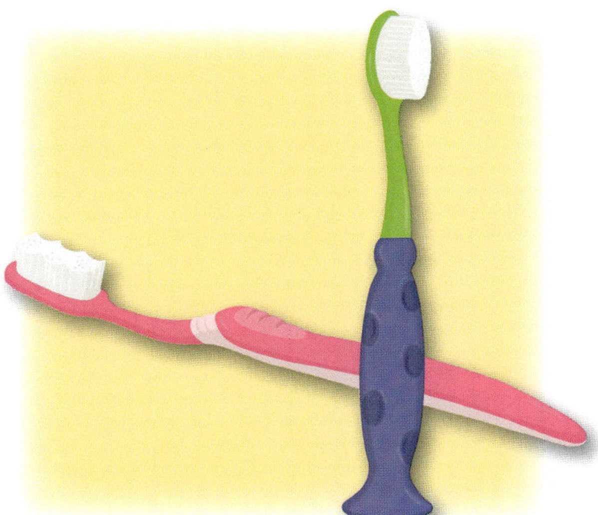

die Zahnbürste

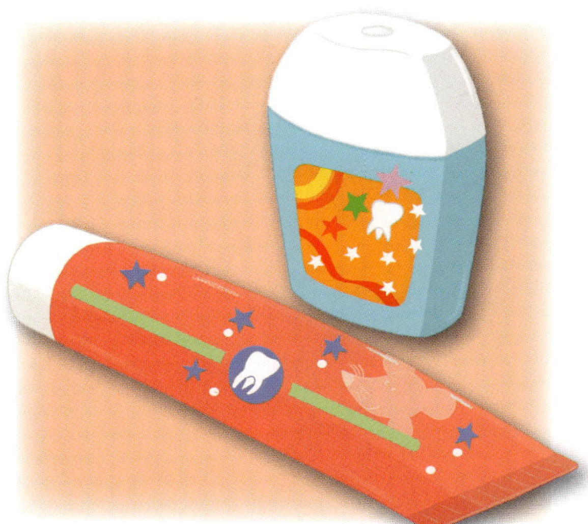

die Zahnpasta

Womit trocknet
man sich ab?

Was benutzt man
zum Schminken?

das Handtuch

der Bademantel

das Make-up

der Nagellack

Womit rasiert man sich morgens?

Womit kämmen wir uns die Haare?

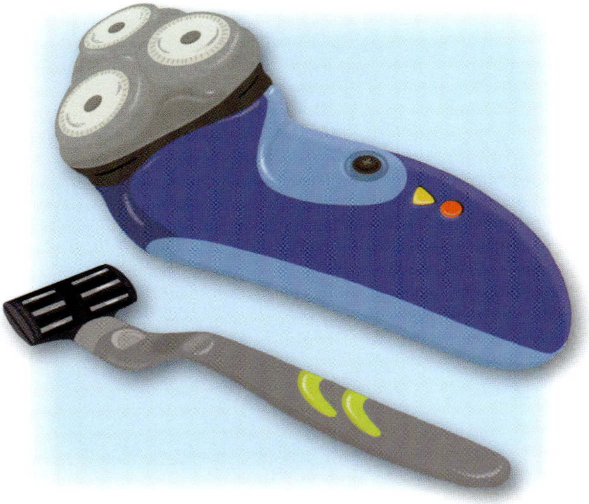

der Rasierer

der Rasierschaum

das Feuchttuch

der Kamm

Womit trocknet
man sich die Haare?

Was trägt man auf,
um gut zu duften?

das Parfüm

der Spiegel

die Haarbürste

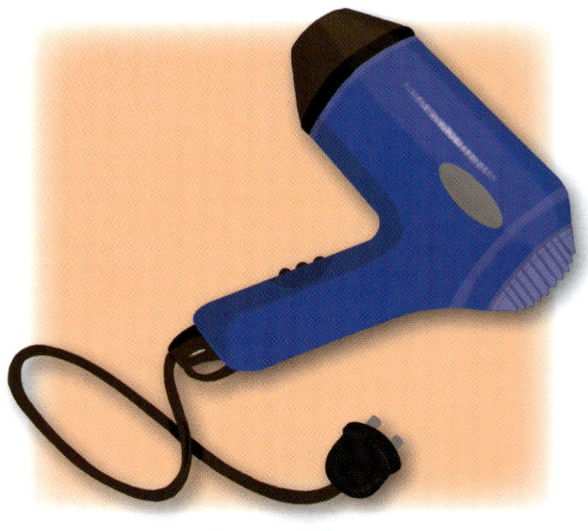

der Fön

Wenn wir krank sind

Manchmal ist uns übel oder wir haben Fieber. Medikamente helfen uns, wieder gesund zu werden.

Womit misst man die Körpertemperatur?

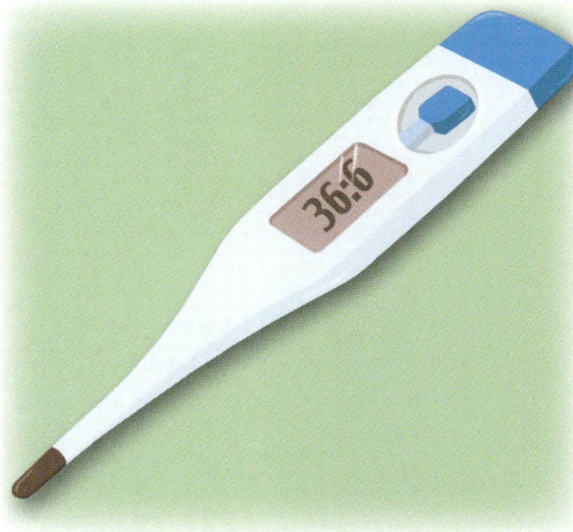

das Fieberthermometer

das Medikament

das Pflaster

Im Kinderzimmer

Im Kinderzimmer schlafen wir, machen Hausaufgaben oder spielen mit unseren Spielsachen.

Worauf stellen wir die Nachttischlampe?

das Bett

der Nachttisch

der Schreibtisch

Was klingelt, wenn wir aufstehen müssen?

Wo kann man seine Spielsachen verstauen?

der Wecker

der Kleiderschrank

die Spielzeugkiste

die Kommode

Für das Baby

Für ein Baby braucht man bestimmte Kleidung, Windeln und Babysachen.

Worin wird das Baby spazieren gefahren?

das Gitterbett

der Buggy

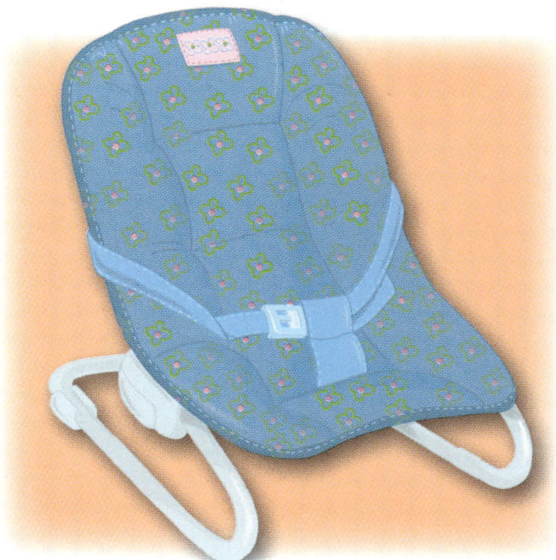

die Babywippe

Was hängt über dem Bett des Babys?

Was muss man regelmäßig wechseln?

die Windel

das Mobile

der Schnuller

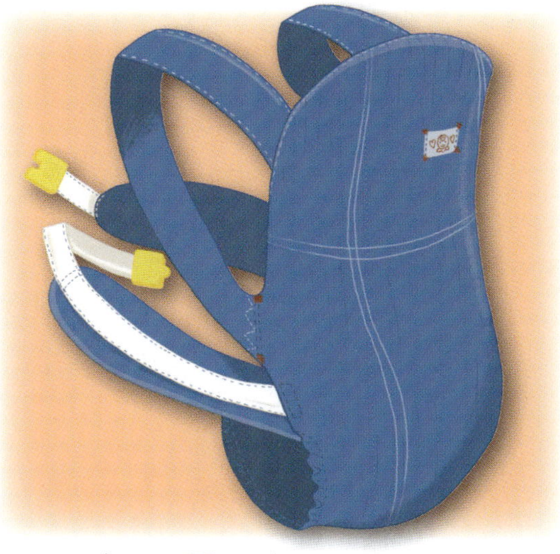

die Babytrage

Spielsachen

Zum Geburtstag und auch zu Weihnachten bekommen viele Kinder Spielsachen geschenkt.

Welches Spielzeug trägt schöne Kleider?

die Puppe

das Stofftier

das Puppengeschirr

Mit welchem Spielzeug kann man Türme bauen?

Womit wirft man die Kegel um?

der Bauklotz

der Kegel

das Puzzle

das Buch

Was kann man mit
Sand oder Wasser füllen?

Was ist rund und
rollt und hüpft?

das Puppentheater

der Ball

das Brettspiel

der Eimer

Welche Schuhe haben
Rollen an den Sohlen?

Welches Fahrzeug
hat Pedale?

die Inlineskates

das Dreirad

der Roller

die Spielkarte

Werkzeug

Wenn man etwas basteln oder Sachen reparieren oder bauen will, braucht man bestimmte Werkzeuge.

Womit zerkleinert man Holzstämme?

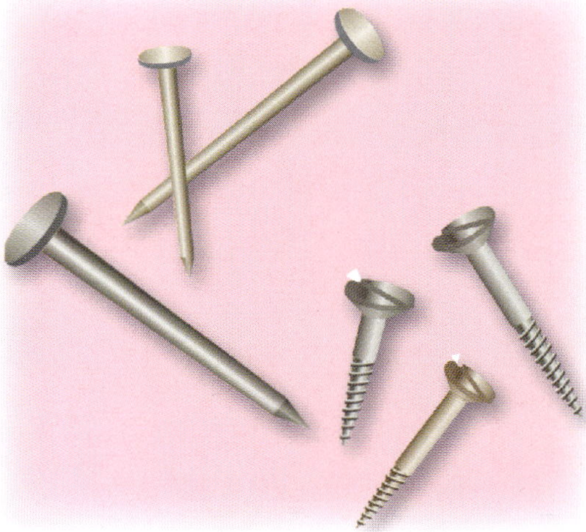

die Schraube
der Nagel

die Zange

die Säge

Mit welchem elektrischen Gerät bohrt man Löcher?

Womit schlägt man Nägel in die Wand?

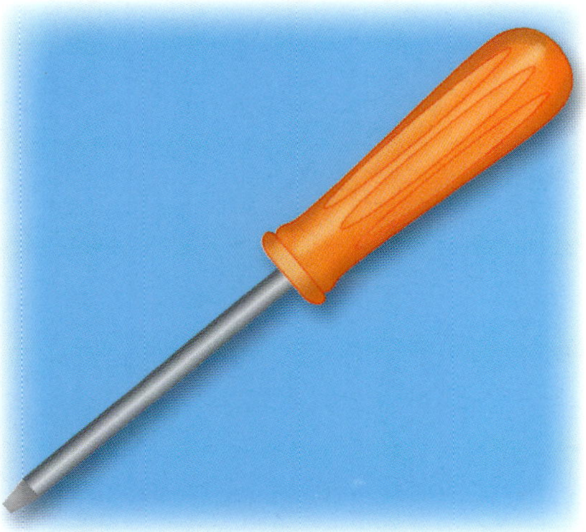

der Schraubenzieher

der Hammer

die Bohrmaschine

die Leiter

Im Garten

Im Garten kann man Gemüse anbauen, Rasen anlegen, Bäume, Sträucher oder Blumen pflanzen.

Mit welchem Gerät wird der Rasen geschnitten?

der Rasenmäher

die Gießkanne

der Gartenschlauch

Womit transportiert
man Gartenerde?

Womit fegt man das
Laub zusammen?

die Schubkarre

der Rechen

die Gartenschere

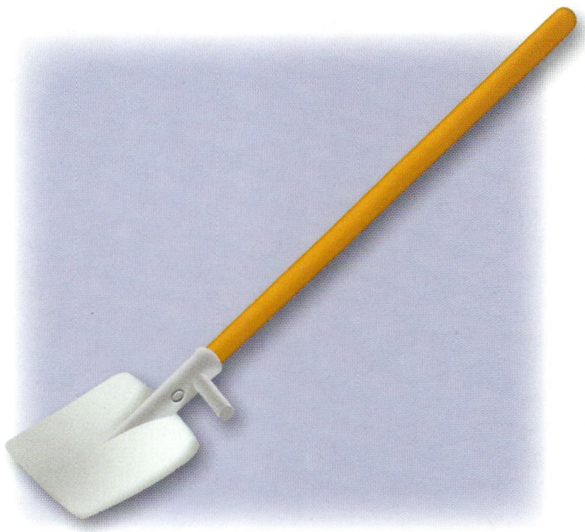

der Spaten

In der Handtasche

In der Handtasche verstaut man alle möglichen Dinge, die man unterwegs braucht.

Wo kann man sein Geld aufbewahren?

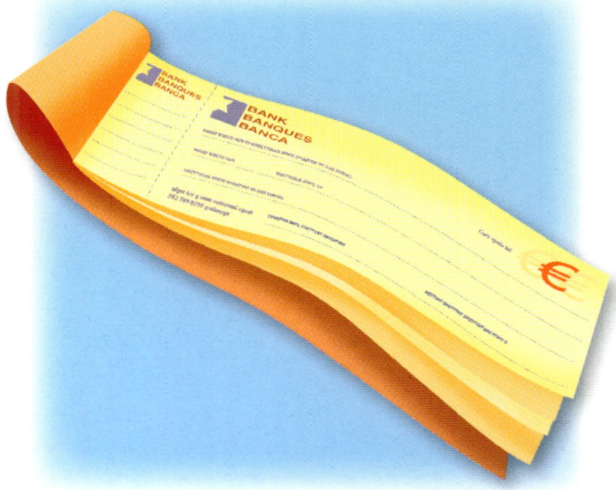

das Scheckheft

das Geld

die Brieftasche

Womit öffnet man die Tür?

Womit kann man unterwegs telefonieren?

die Kreditkarte

die Brille

das Handy

der Schlüssel

In der Schule

Wenn man in die Schule kommt, benötigt man Bücher und viele andere Dinge.

Worin verstaut man Hefte, Bücher und Stifte?

der Schulranzen

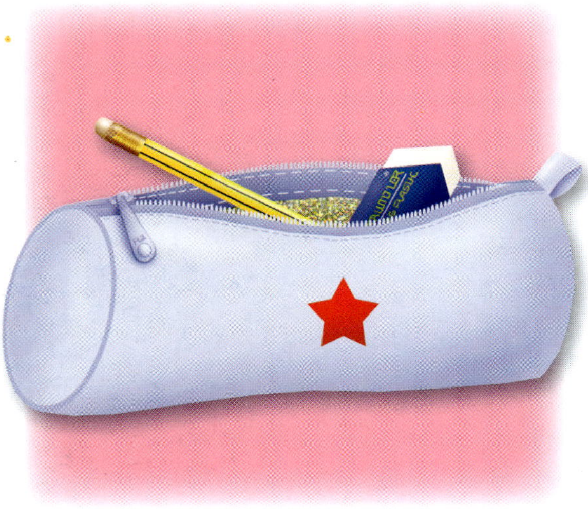

das Federmäppchen

der Bleistift

Womit entfernst du Bleistiftstriche?

Welche Stifte kann man anspitzen?

der Kugelschreiber
der Füllfederhalter

der Buntstift

der Filzstift

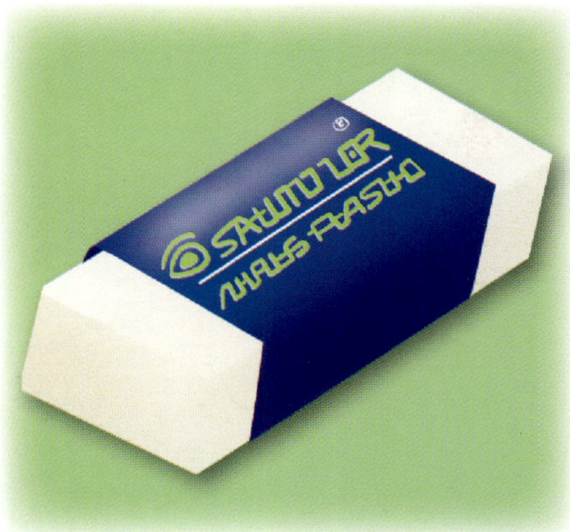

der Radiergummi

Womit schreibt man an die Tafel?

Wo sind die Wasserfarben untergebracht?

die Tafel

die Kreide

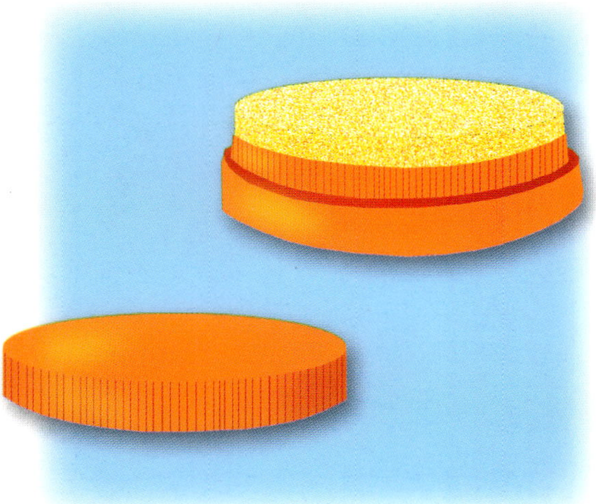

der Schwamm

der Malkasten

Womit kann man Linien ziehen?

Wo heftet man einzelne Blätter ab?

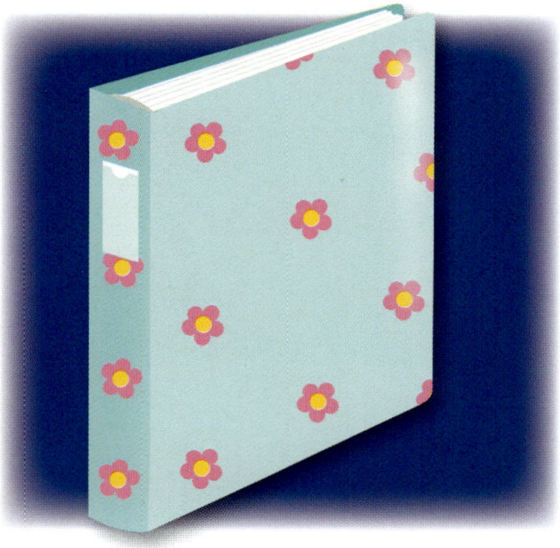

der Ordner

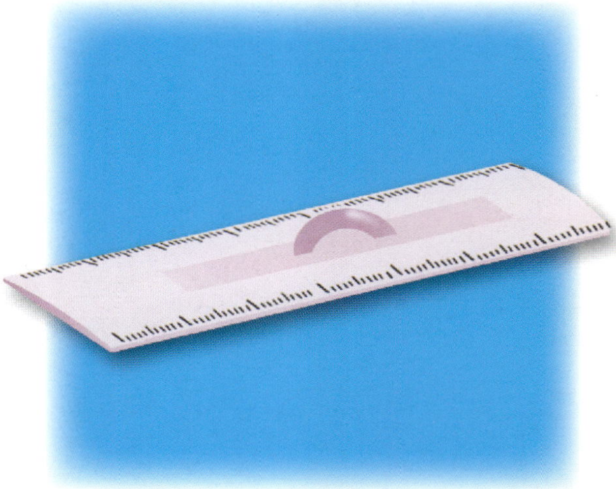

das Lineal

das Heft

der Spitzer

Musik-instrumente

Wenn mehrere Musiker mit unterschiedlichen Instrumenten zusammen spielen, bilden sie ein Orchester.

Welches Instrument hat Tasten?

die Gitarre

der Flügel

die Geige

Welches Instrument hat kleine runde Löcher?

Welches Instrument glänzt oft golden?

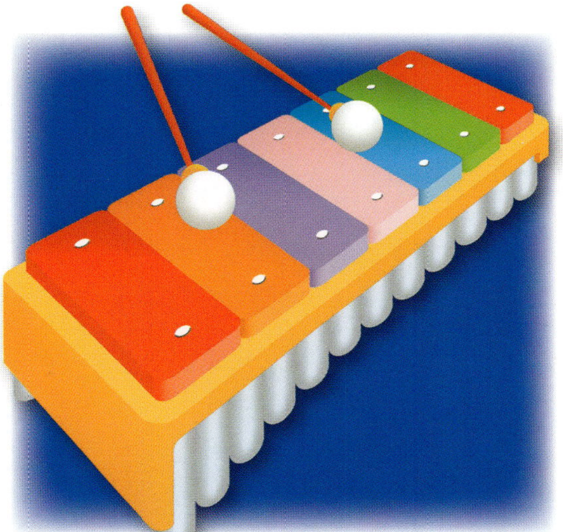

das Xylofon

die Trompete

die Trommel

die Flöte

In der Freizeit

In der Freizeit kann man spielen oder Sport treiben. Das bringt Abwechslung und macht viel Spaß.

Womit reitet man auf den Wellen?

der Schlitten

das Surfbrett

der Ski

Worin verstaut man seinen Proviant?

Womit sieht man Dinge, die weit weg sind?

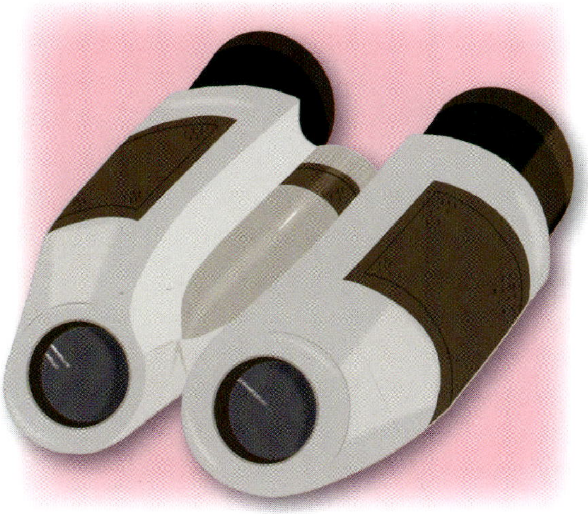

das Fernglas

der Rucksack

der Gleitschirm

die Seilbahn

Mit welchem Gerät
dreht man Filme?

Womit kann man
Texte schreiben?

der Camcorder

der Fotoapparat

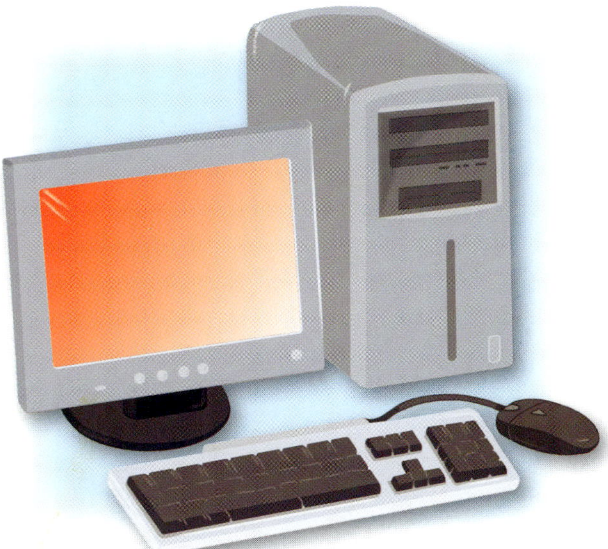

der Computer

die Spielkonsole

Womit fängt man
einen Fisch?

Welcher Schläger
hat Saiten?

der Tischtennisschläger

der Tennisschläger

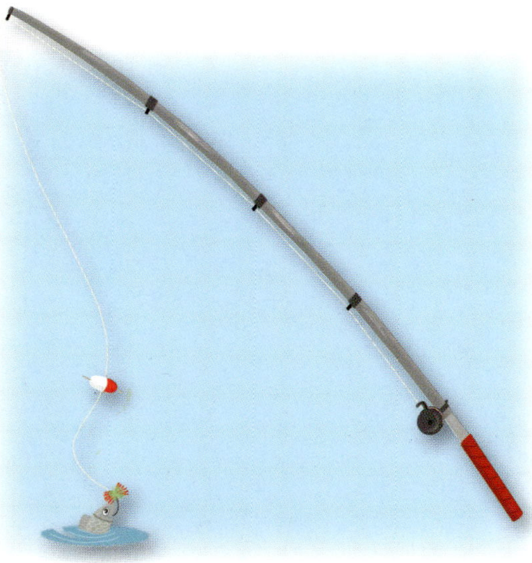

die Angel

der Golfschläger

Kleidung

Wir tragen nicht alle
die gleiche Kleidung.
Je nach Alter und
Geschmack zieht man
sich unterschiedlich an.

Was zieht man über
die Füße des Babys?

der Body

der Strampelanzug

der Babyschuh

Was trägt das Baby im Winter?

Was hängt man dem Baby beim Füttern um?

der Babyschlafsack

der Schneeanzug

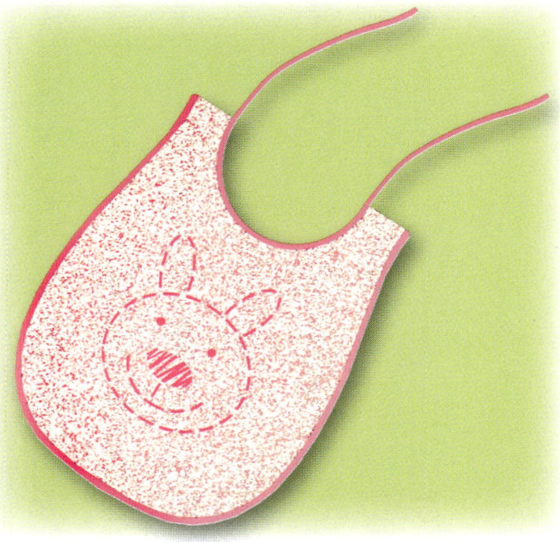

das Lätzchen

das Kuschelsäckchen

Welches Kleidungsstück hat Rock und Oberteil?

Welche Hose liegt eng an der Haut an?

das Kleid

die Leggings

die Hose

der Rock

Welche Hose
hat zwei Träger?

Welches Kleidungsstück
zieht man über den Kopf?

die Latzhose

der Pullover

die Strickjacke

das Hemd

Beim Sport

Wenn man Sport treibt, trägt man bequeme Kleidung, damit man sich frei bewegen kann.

Welche Schuhe trägt man beim Sport?

der Jogginganzug

der Turnschuh

die Shorts

Am Abend

Vor dem Zubettgehen zieht man seinen Schlafanzug oder sein Nachthemd an. Dann kann man träumen!

Welche Schuhe trägt man in der Wohnung?

das Nachthemd

der Schlafanzug

der Hausschuh

Im Sommer

Im Sommer tragen wir leichte Kleidung, damit uns nicht so heiß wird.

Was tragen Mädchen beim Schwimmen?

der Badeanzug

das Trägerkleid

der Hut

Womit schützt man seinen Kopf vor der Sonne?

Welche Schuhe trägt man immer ohne Socken?

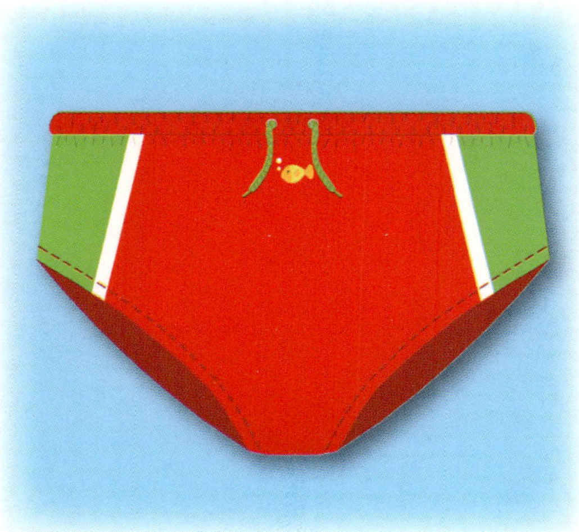

die Badehose

die Bermudashorts

die Schirmmütze

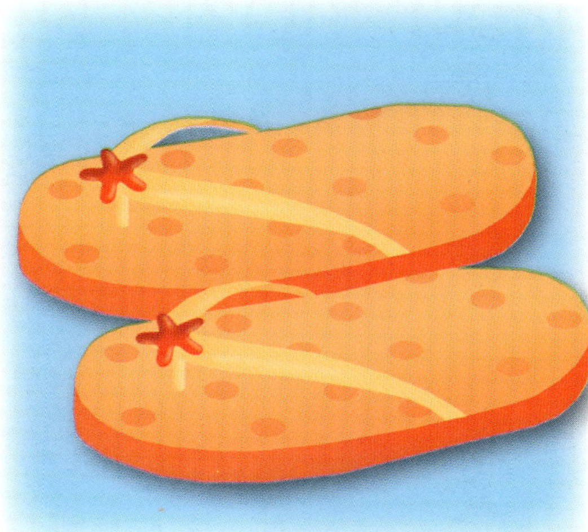

der Flip-Flop

Im Winter

Im Winter muss man sich warm anziehen, um sich vor der Kälte zu schützen.

Was hält unsere Hände warm?

die Mütze

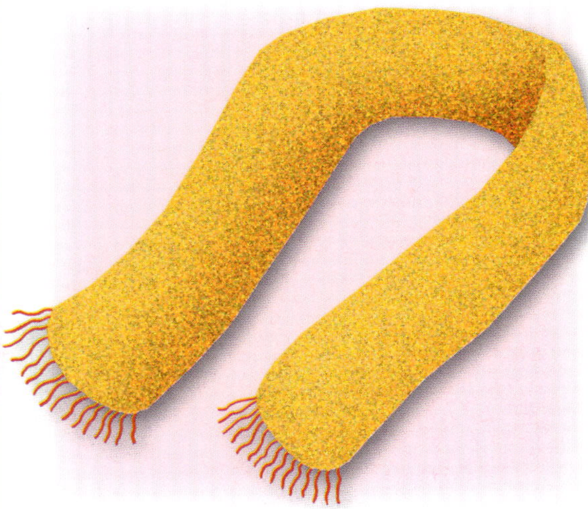

der Schal

die Handschuhe

Welche Jacke ist warm und federleicht?

Womit stapft man durch den Schnee?

die Daunenjacke

der Skianzug

der Rollkragenpullover

der Schneestiefel

Es regnet

Wenn es regnet, zieht man am besten Wasser abweisende Kleidung und wetterfeste Schuhe an.

In welchen Schuhen bleiben die Füße trocken?

die Regenjacke

der Regenschirm

der Gummistiefel

Modische Accessoires

Viele Mädchen stecken sich bunte Haarklammern ins Haar, damit sie hübsch aussehen.

Was wird um die Taille geschnallt?

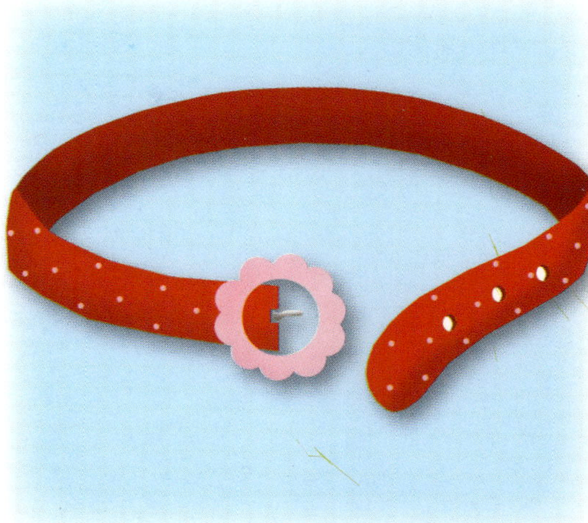

der Gürtel

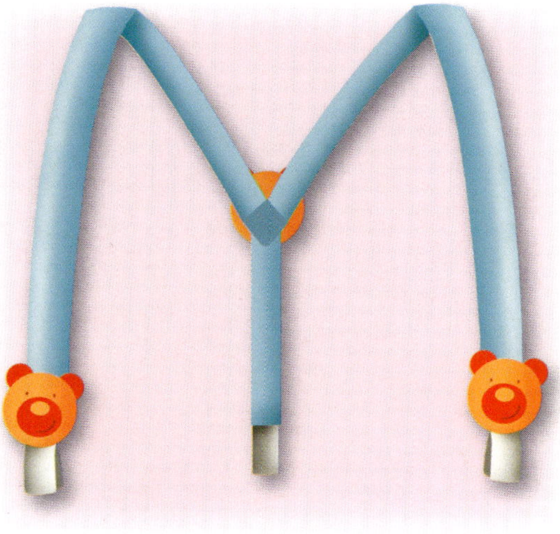

die Hosenträger

die Haarspange

Unterwäsche

Kleidungsstücke, die man direkt auf der Haut trägt, nennt man Unterwäsche. Dazu gehören Unterhose und Unterhemd.

Welche Shorts trägt man als Unterwäsche?

der Slip

die Boxershorts

die Unterhose

Was gibt es nur
als Paar zu kaufen?

Was trägt man vor
allem im Sommer?

das Unterhemd

das T-Shirt

die Strumpfhose

der Strumpf

Auf der Straße

Auf den Straßen sind viele Autos unterwegs. Autofahrer und Fußgänger müssen die Verkehrsregeln beachten.

Was zeigt Rot, wenn man stehen bleiben muss?

die Ampel

das Verkehrsschild

der Zebrastreifen

Worin sitzt ein Kleinkind im Auto?

Wovor hält man, um zu tanken?

das Auto

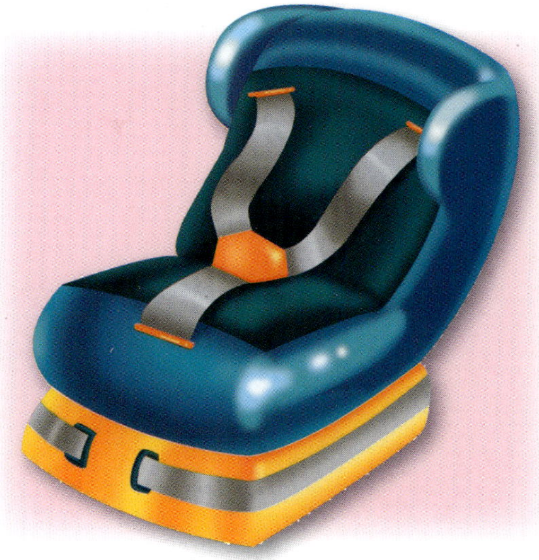

der Kindersitz

die Zapfsäule

der Autoreifen

Was kommt angefahren,
wenn es brennt?

Womit fährt man
in die Ferien?

der Lastwagen

der Tankwagen

das Feuerwehrauto

das Wohnmobil

Was setzt der Motorradfahrer auf?

Bei welchem Fahrzeug tritt man in die Pedale?

das Fahrrad

das Motorrad

der Helm

der Motorroller

Auf der Baustelle

Baustellenfahrzeuge können Dinge transportieren, Gruben ausheben und schwere Lasten anheben.

Womit bringt man Lasten in große Höhen?

der Kran

der Bulldozer

die Straßenwalze

Auf dem Bauernhof

Verschiedene Maschinen sind für den Bauern beim Pflügen, Säen und Ernten eine große Hilfe. Hier siehst du einige davon.

Mit welcher Maschine erntet man Getreide?

der Traktor

der Mähdrescher

der Anhänger

Auf dem Wasser

Es gibt viele verschiedene Schiffe und Wasserfahrzeuge. Einige haben Segel, andere Motoren.

Welches Schiff wird vom Wind angetrieben?

das Surfbrett

der Jet-Ski

das Segelboot

Auf welchem Schiff
macht man Urlaub?

Welches Boot
besteht aus Gummi?

das Kreuzfahrtschiff

der Öltanker

das Schlauchboot

das Ruderboot

Auf Schienen

Personenzüge, Güterzüge, Straßen- und U-Bahnen sind Fahrzeuge, die auf Schienen fahren.

Welche Bahn fährt unter der Erde?

der Zug

die Straßenbahn

die U-Bahn

Am Himmel

Flugzeuge können dank ihrer starken Motoren und ihrer speziell geformten Tragflächen vom Boden abheben und fliegen.

Womit gelangen die Menschen ins Weltall?

das Flugzeug

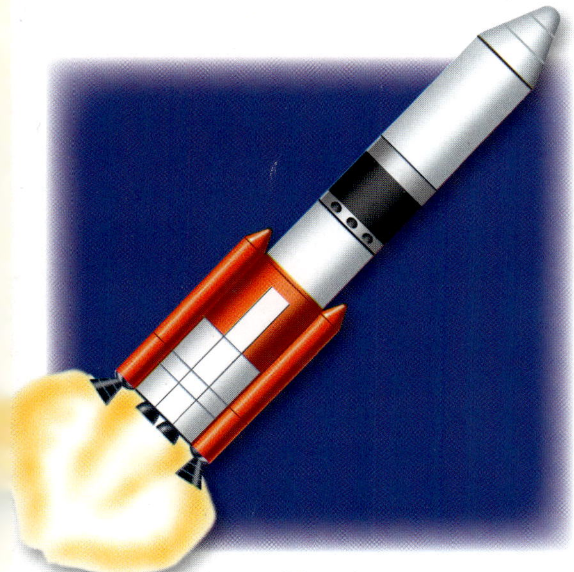

die Rakete

der Hubschrauber

In der Natur

In der Natur gibt es Bäume, Wiesen, Blumen, Tiere, Landschaften, Sonne, Mond und Sterne.

Welcher Baum hat Nadeln und ist immer grün?

der Baum

die Tanne

die Blume

Welcher Himmelskörper nimmt zu oder ab?

Was scheint warm vom Himmel?

die Sonne

der Mond

der Regenbogen

die Wolke

Tiere auf dem Bauernhof

Diese Tiere leben auf einem Bauernhof. Die Kuh grast tagsüber auf der Wiese und wird abends in den Stall gebracht.

Welches Tier kräht „Kikeriki“?

die Henne

der Hahn

die Ente

Welches Tier gibt Milch
und macht „Muh“?

Welches Tier
wird geschoren?

das Kaninchen

der Truthahn

die Kuh

das Schaf

Welches Tier hat sehr lange Ohren?

Welches Tier hat ein Ringelschwänzchen?

das Pferd

der Esel

das Schwein

die Ziege

Haustiere

Haustiere leben
mit uns zusammen.
Die Familie kümmert
sich gemeinsam
um sie.

Welches Tier schnurrt,
wenn man es streichelt?

der Hund

die Katze

der Hamster

Meerestiere

Im Meer leben nicht nur Fische. Man trifft dort auch auf Wale, Schildkröten, Delfine und viele andere Tiere.

Welches ist das größte Tier der Welt?

der Delfin

der Hai

der Wal

Welches Tier
hat viele Arme?

Welches Tier trägt
einen dicken Panzer?

der Seehund

die Qualle

die Meeresschildkröte

der Krake

Tiere im Wald

Die Tiere im Wald sind scheu. Man sieht sie selten, da die meisten nur in der Nacht unterwegs sind.

Welches Tier knabbert gern Nüsse?

das Eichhörnchen

der Fuchs

der Wolf

Welches Tier trägt ein Geweih?

Welches Tier wühlt im Boden nach Nahrung?

der Hirsch

die Hirschkuh
das Kitz

das Wildschwein

der Bär

Insekten

Manche Insekten können fliegen, andere krabbeln, kriechen oder hüpfen. Welches Insekt findest du besonders interessant?

Welches Insekt fliegt summend von Blüte zu Blüte?

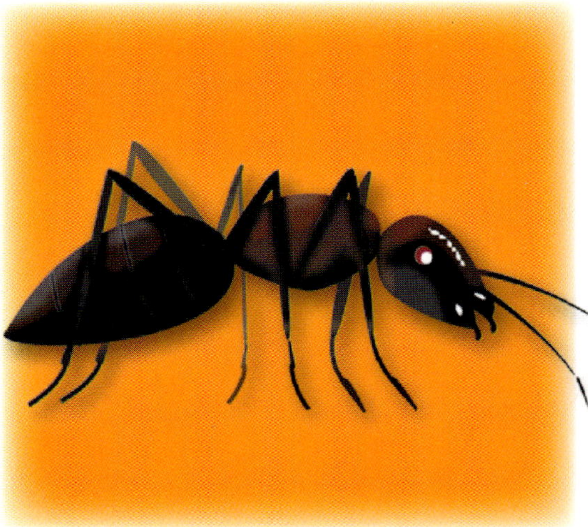

die Ameise

die Fliege

die Biene

Welches Insekt kann stechen?

Welcher Käfer hat schwarze Punkte?

die Wespe

der Marienkäfer

die Raupe

der Schmetterling

Welches Tier spinnt ein schönes Netz?

Welches Insekt kann weit springen?

der Mistkäfer

die Stechmücke

die Heuschrecke

die Spinne

Vögel

Alle Vögel haben Flügel, zwei Beine und einen Schnabel. Doch nicht alle können fliegen.

Welcher schwarz-weiße Vogel fängt Insekten im Flug?

der Spatz

die Schwalbe

das Rotkehlchen

Welcher Vogel kann nicht fliegen, aber tauchen?

Welcher Vogel lebt häufig in Städten?

die Taube

der Adler

die Möwe

der Pinguin

Welche Vogel fängt seine Beute nachts?

Welcher Vogel kann sehr schnell laufen?

die Eule

der Papagei

der Strauß

der Storch

Welcher schwarze Vogel hat einen gelben Schnabel?

Welcher Vogel ist ein beliebtes Haustier?

die Elster

die Amsel

der Rabe

der Sittich

Tiere in Feld und Flur

Tagsüber verstecken sich viele Tiere in Büschen, Sträuchern oder zwischen hohen Gräsern.

Welches Tier hat ein Haus auf dem Rücken?

die Schnecke

das Wiesel

die Maus

Welches Tier baut unterirdische Gänge?

Welches Tier ähnelt einem Kaninchen?

der Maulwurf

der Hase

die Nacktschnecke

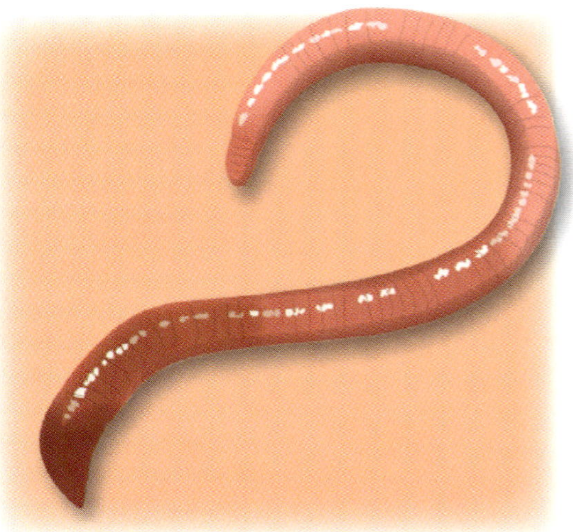

der Regenwurm

Welches Tier hat Stacheln auf dem Rücken?

Welches Säugetier kann fliegen?

der Fasan

die Fledermaus

der Igel

die Eidechse

Tiere im Gebirge

Im Sommer sieht man sie nur selten. Im Winter kann man ihre Spuren im Schnee entdecken.

Welches Tier hält einen langen Winterschlaf?

das Murmeltier

die Gämse

der Steinbock

Tiere am Wasser

Diese Tiere leben an Seen, Teichen oder Flüssen. Kennst du sie?

Welches grüne Tier hüpft und quakt?

der Biber

der Schwan

der Frosch

Welches Tier
hat große Flügel?

Welcher Vogel hat
einen langen Schnabel?

der Reiher

die Libelle

der Waschbär

der Otter

Tiere in fernen Ländern

Diese Tiere leben in der Savanne oder in Regenwäldern. Ihre Heimat sind ferne Länder. Dort ist es sehr heiß.

Welches große Tier hat einen Rüssel?

der Elefand

die Giraffe

das Nashorn

Welches Tier hat schwarze und weiße Streifen?

Welches Tier hat eine Mähne?

der Löwe

die Gazelle

das Zebra

das Flusspferd

Welches Tier trägt sein Junges im Beutel?

Welches Tier schlängelt sich über den Boden?

das Krokodil

die Schlange

die Hyäne

das Känguru

Wie heißt die Raubkatze mit gestreiftem Fell?

Welcher Bär ernährt sich nur von Bambus?

der Tiger

der Koala

der Panda

das Kamel

Welches Tier hat einen Höcker?

Welches Tier kann die Hautfarbe wechseln?

der Luchs

das Dromedar

der Affe

das Chamäleon